Kolibri

Musikbuch 1/2

Herausgegeben von
Bettina Küntzel

unter Mitarbeit von
Ulrike Meyerholz

Schroedel

Kolibri

Das Musikbuch 1/2

Herausgegeben von
Bettina Küntzel
unter Mitarbeit von
Ulrike Meyerholz

Als Begleitmaterial sind erhältlich:
Materialien für Lehrerinnen und Lehrer
(Bestellnummer 3-507-**02705**-4)
3 CDs (Best.-Nr. 3-507-**02709**-7)

= Hörbeispiel auf CD

ISBN 3-507-**02700**-3

Druck A$^{5\ 4\ 3\ 2}$ / Jahr 2007 06 05 04 03

Alle Drucke der Serie A sind im Unterricht parallel verwendbar, da bis auf die Behebung von Druckfehlern untereinander unverändert.
Die letzte Zahl bezeichnet das Jahr des Druckes.

Illustrationen: Silvia Kania, Milada Krautmann, Marion Kreimeyer-Visse
Notensatz, Textsatz und Reproduktionen:
prima nota GmbH, Korbach
Druck: Westermann Braunschweig

Inhalt

Musik überall

Klänge und Zeichen

Guten Morgen – gute Nacht

Jahreszeiten und Feste

Von Kindern und anderen Leuten

Die Vogelhochzeit – ein Singspiel

Lernfeld-Register

Lieder

Sprechstücke und Stimmaktionen

Musizieren mit Instrumenten

Tanzen und bewegen

Musik zum Hören

Musikalische Spielszenen

Musik überall

Musik in meiner Stadt

I/1–12

Wo »hört« man auf diesem Bild Musik und was weist auf sie hin?
Welche Geräusche »hört« man?
Worin liegt der Unterschied zwischen Musik und Geräusch?
Was höre ich in *meiner* Stadt? Wo überall gibt es dort Musik und Dinge, die mit Musik zu tun haben?

Hört, was da klingt

Musik zu Hause

Wo ist die Musik? I/13–16

Unterrichtsgespräch: Musik hören im Tagesverlauf.
Welches Familienmitglied hat welche Hörgewohnheiten?

Meine Lieblingsmusik

Unterrichtsgespräch: Wie entsteht Musikgeschmack?
Besprechung der Bildgeschichte: Kinder mögen, was ihre Eltern hören.
Die Kinder bringen ihre Lieblingsmusik in den Unterricht und berichten, wie ihre musikalischen Vorlieben entstanden sind.

Mein Lieblingsinstrument

I/17–18

Die Bildgeschichte frei erzählen.
Wie entsteht Interesse an einem Instrument?
Die E-Gitarre von der akustischen Gitarre unterscheiden.
Bevor man E-Gitarre spielt, lernt man akustische Gitarre.

Blockflöte spielen

richtige Haltung

hohes d

hohes c

h

a

g

f

e

tiefes d

tiefes c

Übt die Griffe.

Spielt ein bekanntes Lied aus der Werbung. Welches ist es? I/19

g

g

e

a

g

g

e
(die Tonfolge zweimal spielen)

Die Griffe von den hohen zu den tiefen Tönen lernen, weil die hohen Töne einfacher zu greifen sind.
Das Werbelied von »Haribo« spielen. Wer nicht Blockflöte spielen möchte, kann ein Stabspiel nehmen.

Klänge und Zeichen

Auch Musik
hat viele Farben.
Klangfarben.

Schülerzeichnung zu dunklen und hellen Klängen

Hört die Musik. **I/20–23** *Malt die Klänge.*

Die beiden Bilder aus dem Buch »Jeder Tag hat eine Farbe« von Dr. Suess szenisch spielen und mit Klängen begleiten. Herausarbeiten, dass ein dunkler Klang tiefe Töne hat und »unten« notiert wird und ein heller Klang aus hohen Tönen besteht und »oben« notiert wird.

Dann kommt ein gelber Tag

und

summmmmmmmmmmmmmm

wie eine Biene flieg ich rum.

Manchmal ist ein Tag ganz braun,
keiner von den bunten.

Ich mag nicht
aus den Augen schaun
und fühl mich

ganz

tief

unten.

Eine Erbse sagt zur andern 1/24

Melodie und Text: Margrit Küntzel-Hansen

Komm, wir wandern auf dem Weg!

Komm, wir fahr'n den Berg hinunter!

Komm, wir kuscheln in dem Stroh!

Eigene Strophen erfinden und mit Klängen gestalten.
Festigen und üben: Nacheinander gespielte Töne notiert man nebeneinander.
Die Notierung von tief nach hoch verläuft von unten nach oben.

Eigene Strophen erfinden I/25

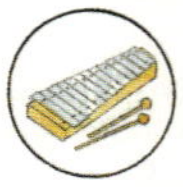 *Wie klingt das?*  *Malt die Töne.*

Komm, wir rutschen auf der Rutsche!

Komm, wir springen Trampolin!

Komm, wir springen in die Pfütze!

Die Fragezeichen fordern zu einer eigenen klanglichen Umsetzung auf, die farbig notiert werden kann.

Alles aus Papier I/26

Musik und Text: Ulrike Meyerholz

Begleitung I/27

Zeitungstanzen I/28

Zu zweit auf einer Zeitung zur Musik tanzen.
Bei jedem Musikstopp wird die Zeitung halbiert.
Wer daneben tritt, muss aufhören.
Ziel: so lange wie möglich mittanzen.

Macht Klänge aus Papier.

Schlagen

Reißen

Knüllen

Das Lied wie einen Refrain
und die Papierklänge wie Strophen spielen.
Den Zeitungstanz tanzen!

Papiermusik

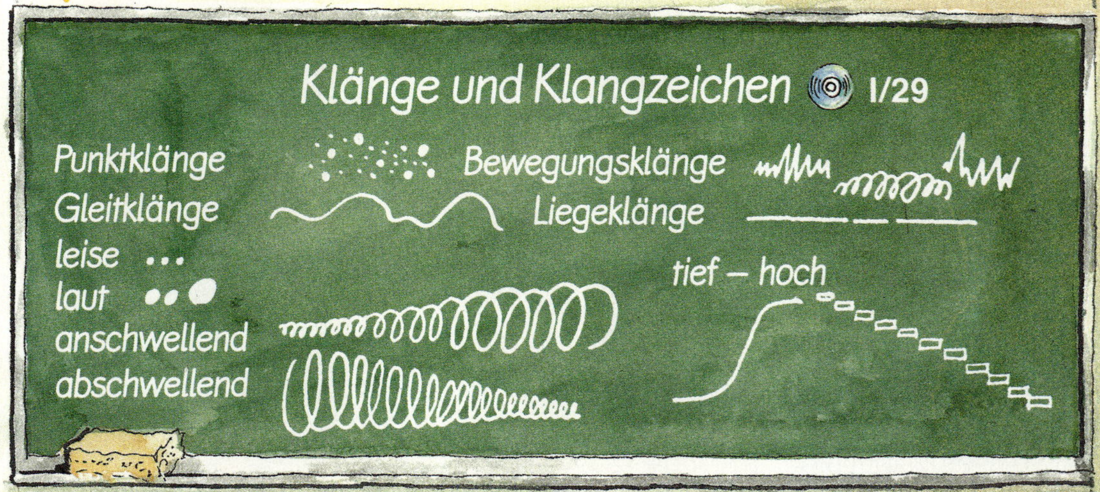

Schreibt Musik mit Klangzeichen.

Spielt eure Musik.

Malt auf, was ihr hört.

Klangzeichen und ihre Bezeichnungen wie im Tafelbild erarbeiten.
Was nebeneinander steht, wird hintereinander gespielt. Was übereinander steht, wird zusammen gespielt.
Statt mit Papier können die gemalten Klangzeichen auch mit Instrumenten und Klangerzeugern gespielt werden.

Das klingende Zimmer

Probiert aus, was klingt.

Hört, was klingt. I/30

Ja, so ein Zimmer

Klangerzeugungsmöglichkeiten an verschiedenen Zimmereinrichtungsgegenständen und Musikinstrumenten ausprobieren und als neue Strophen im Lied singen. Überprüfen, welches Klangzeichen für welchen Klang passen könnte.

Musikinstrumente

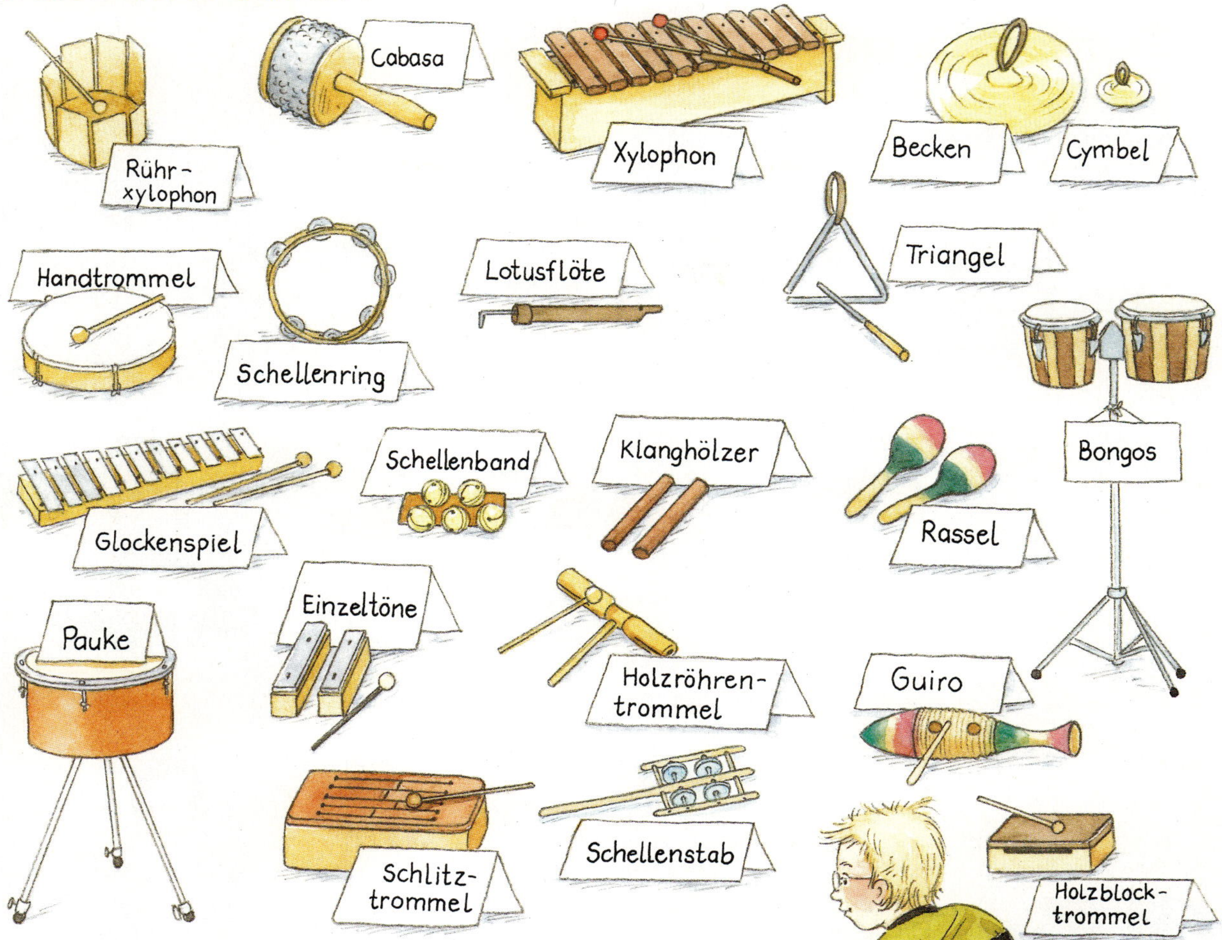

 *Welche Musikinstrumente gibt es an eurer Schule?* I/31

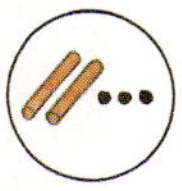 *Spielt die Klangzeichen.*
Verwendet ein Instrument oder einen klingenden Gegenstand.

 *Findet heraus, welche Klangzeichen damit spielbar sind und welche nicht.*

Musik und Text: Gerda Bächli

Die Namen der schulischen Musikinstrumente kennen lernen und festigen.
Die Parameter hoch – tief, laut – leise, anschwellend – abschwellend, langsam – schnell und die Bezeichnungen Punkt-, Bewegungs-, Liege- und Gleitklang festigen.

Trommelbau und Schlägel-Leben

Baut euch eine Trommel und zwei Schlägel.

Spielt darauf.

Ein Schlägel-Leben I/32

Text: Werner Beidinger

So sieht ein Schlä-gel aus, [1]
Num-mer zwei kommt auch he-raus. [2]
Hört nur, wie sie klop-fen. [3]
leis' wie Re-gen-trop-fen,
wie die Uh-ren ti-cken [4]
hin-ter mei-nem Rü-cken, [5]
an-ei-nan-der rei-ben, [6]
sich die Zeit ver-trei-ben,
trom-meln gar auf mei-nem Bauch [7]
und auf mei-ne Ba-cken auch. [8]
Schlä-gel-köp-fe küs-sen sacht, [9]
noch-mal vier, dann sind es acht,
ste-hen stumm und starr vor Schreck. [10]
Husch, dann sind sie weg! [11]

Trommel und Schlägel bauen. Die unterschiedlichen Anschlags- und Spielmöglichkeiten der Trommel ausprobieren. Das Klanggedicht vom Schlägel-Leben spielen. Dabei auf die verschiedenen Klänge achten, die durch das Spielen mit den Schlägeln entstehen. Diese Klangqualitäten weitgehend ausdifferenzieren.

Meine Trommel I/33

Idee: Ulrike Meyerholz

(gesprochen:) Meine Trommel erzählt euch was vom Zoo.

1. Da ist ein ● ● ● da ist ein E - le - fant,

der kommt schnell ● ● ● der kommt schnell an - ge - rannt.

2. Da ist ein ♩ ♩ ♩, da ist ein Papagei,
der macht ein ♩ ♫ ♩, der macht ein Riesengeschrei.

3. Da ist ein ♩ ♩, da ist ein Nashorn,
das hat sein ♩ ♩ ♩, das hat sein Horn ganz vorn.

4. Und die ♪ ♩ ♩, und die Giraffe,
die laust der ♩ ♩, die laust der Affe.

5. Da ist 'ne ♫ ♫, da ist 'ne Riesenschlange,
mir wird ganz ♫ ♫, mir wird ganz Angst und Bange!

6. Jetzt schnell hier ♩ ♩ ♩, jetzt schnell hier raus, raus, raus,
raus und nach ♩ ♩ ♩, raus und nach Haus, Haus, Haus.

7. Zurück zur ♫ ♫, Riesenschlange, ♫ ♫ ♫, Affe und Giraffe,
♫ ♫ ♩ Nashorn, Papagei, ♪ ♫ ♫ ♩, am Elefant vorbei,
♫ ♫ ♩ raus aus diesem Zoo, ♩ ♩
Zoo, Zoo.

Zuerst ertönt der Rhythmus, dann das Wort! Nach diesem Prinzip weitere Tiernamen rhythmisieren und ggf. neue Verse erfinden. Die entsprechenden Bilder als Anregung verstehen: Seehund – hat'n Fisch im Mund, Zebras – liegen in dem Gras, Pinguin – der findet sich so schön.

Gummibär I/34–35

Musik und Text: Anna und Georg Feils

2. Es ist kein Brom- und auch kein Blau-,
kein Preisel-, Stachel-, Erd-, kein Sau-,
kein Heidelbär ist er,
es ist der Gummibär.
Jawohl, der Gummi-, …

3. Ziemlich klein und kunterbunt,
zuviel davon ist ungesund.
Nass klebt er ganz gut,
sogar auf Omas Hut.
Der Gummi-, …

4. Und wer zu viel davon verzehrt,
für den hat's aus-gummi-ge-bärt.
Ach, du lieber Schwan,
dem bohrt man dann im Zahn.
Wegen dem Gummi-, …

Bewegungsidee: Ein Fließband kann mit einer zu einem Streifen zusammengelegten Abdeckfolie nachempfunden werden. Diese wird von Kindern durch einen großen Raum gezogen. Andere Kinder liegen als »Gummibärchen« auf dem »Fließband«. So werden vier Bahnen gleichzeitig durch den Raum gezogen. Jede Gruppe spricht ihren Rhythmus mit »ta«, »titi« und »sa«.

Die Gummibärchenmaschine I/36–38

Mit »ta«, »titi« und »sa« könnt ihr eine Gummibärchenmaschine zum Klingen bringen.

Hört, wie die Maschine noch klingt. I/39

Jede Zeile wird gemeinsam mit »ta«, »titi« und »sa« rhythmisch gesprochen und gespielt.
Dann probiert jede Gruppe ihre Stimme einzeln.
Wie viele Fließbänder können gleichzeitig laufen bzw. erklingen?

Guten Morgen – gute Nacht

Der Begrüßungsrap I/40

Musik und Text: Wolfgang Hering

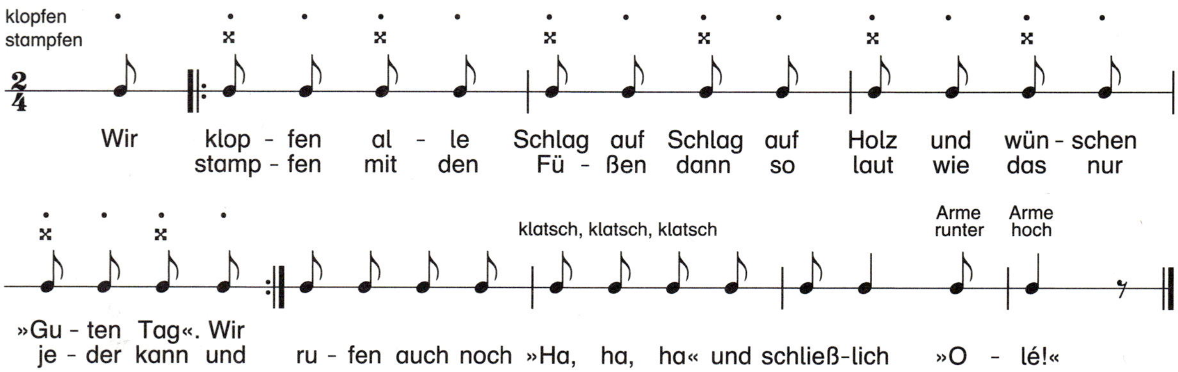

Wir klop - fen al - le Schlag auf Schlag auf Holz und wün-schen

Wir stampfen mit den Füßen dann so laut wie das nur jeder kann

und rufen auch noch

und schließlich

Was klingt noch aus Holz? I/41

Den Rap rhythmisch sprechen. Mit Körperinstrumenten begleiten.

Wer hat die Kekse aus der Dose geklaut? I/42

Musik und Text: mündlich überliefert

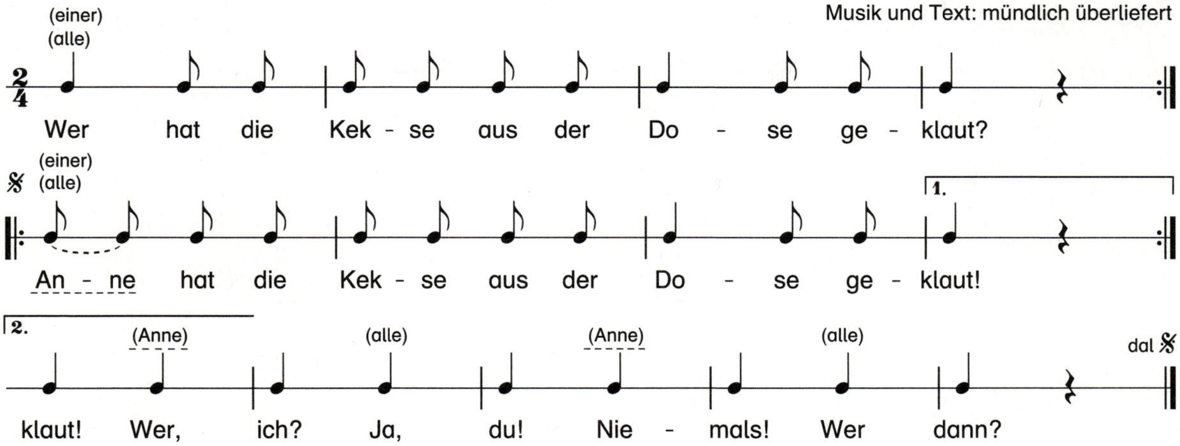

Zur Begleitung 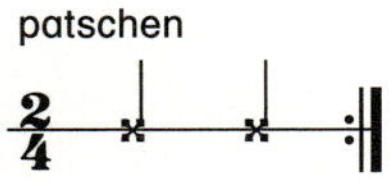

Im Wechsel eine(r) – alle rhythmisch sprechen.
Das Lied fortsetzen.

Morgenstimmung I/43–44

Bewegt euch zur Musik.

Teil A
Takt 1–8

Teil B
Takt 9–16

Das Musikstück von Edvard Grieg mit und ohne Taktzähler hören und die Bilder dabei verfolgen.
Eine eigene Bewegungsgestaltung entwickeln.

Teil C
Takt 17–20

Teil D
Takt 21–30

Das Wecklied I/45–46

Musik und Text: Beate Lambert

1. Ich nehme mir ein Becken, damit will ich dich wecken.

Ach, ach, ach, was für ein Krach. (2-mal)
Es hat wohl keinen Zweck, ich leg es wieder weg.

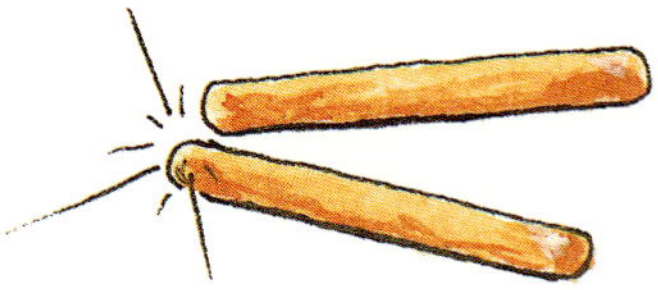

2. Dann schlag ich auf das Holz, das ist ganz was Toll's.

Klacker, klacker, klack – du schläfst ja wie ein Sack! (2-mal)
Doch hat es keinen Zweck, ich leg es wieder weg.

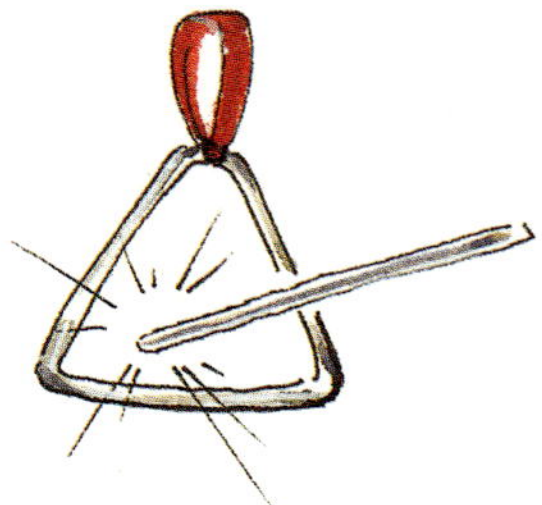

3. Das Ding mit den drei Ecken, das kann dich vielleicht wecken.

Triangel feine, bringst du sie auf die Beine? (2-mal)
Nein, es hat keinen Zweck, ich leg sie wieder weg.

Das schulische Instrumentarium kennen lernen.
Die Klangzeichen lesen und im notierten Rhythmus spielen.

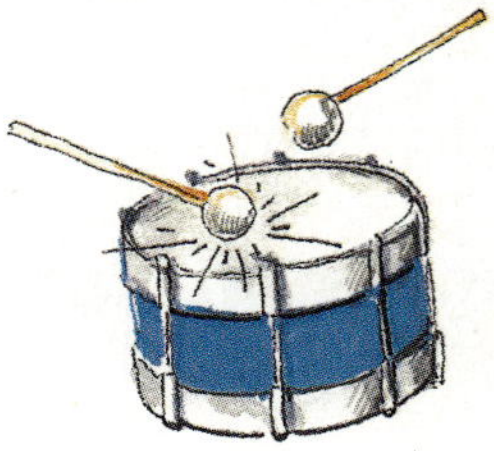

4. Die Trommel ist ganz laut, wenn man auf sie drauf haut.

Bumm, bumm, bumm – dreh dich doch mal um! (2-mal)
Es hat wohl keinen Zweck, ich leg sie wieder weg.

5. Vielleicht muss man zum Wecken mit der Rassel dich erschrecken.

Rassel, rassel, rassel – wie Regengeprassel! (2-mal)
Doch hat es keinen Zweck, ich leg sie wieder weg.

6. Dann nehme ich das Xylophon, das hat so einen schönen Ton.

Bimm, bamm, bumm – jetzt wird's mir bald zu dumm! (2-mal)
Es hat wohl keinen Zweck, ich leg es wieder weg.

7. Jetzt alle Instrument' wie in einer Band.

Vielleicht wirst du nur wach von richtig lautem Krach! (2-mal)
Es hat wohl keinen Zweck, wir legen alles weg.

8. Jetzt sind wir ganz geschafft und weg ist unsre Kraft.
Alle uns're Tricks helfen heute nix! (2-mal)
Uns reicht's jetzt mit der Müh', schlaf doch bis morgen früh!

Das Kind, das geschlafen hat, singt alleine:

9. Hab' gar nicht geschlafen, hab' nur so getan!
Eure Instrumente, die hörte ich mir an.
Das war'n so viele schöne, laut und leise Töne.
Danke für's Konzert – ich fühl' mich sehr geehrt!

Spielt die Instrumente zum Lied.

Hört die Instrumente. I/47

Der Mann von der Vendôme-Säule I/48

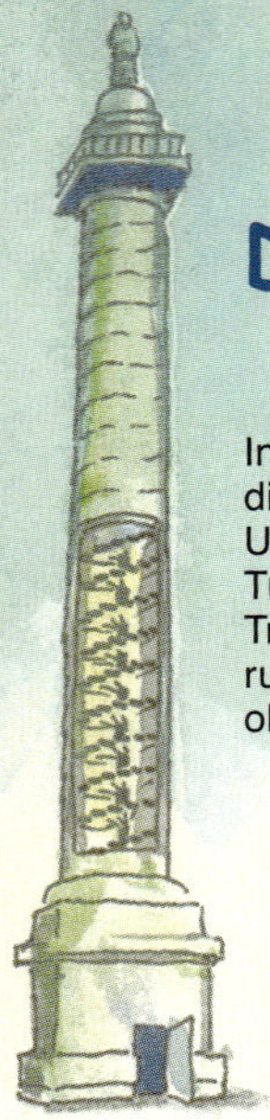

In Paris steht eine hohe Säule, die heißt »Vendôme-Säule«. Unten in der Säule ist eine Tür und innen kann man eine Treppe hinaufsteigen, immer rund herum, rund herum – bis oben.

Dort tritt man auf eine Galerie hinaus und schaut hinunter auf die Dächer; alle Schornsteine sieht man und den Leuten guckt man auf die Köpfe und auf die Hüte.

Da kommen die vielen Sterne und verwundern sich: »Ei, Mann von der Vendôme-Säule, was tust du noch hier? Bist du denn nicht müde?« »Nein«, sagt der Mann, »ich bin doch aus Eisen. Müde werde ich nicht.« Und so steht er die ganze Nacht.

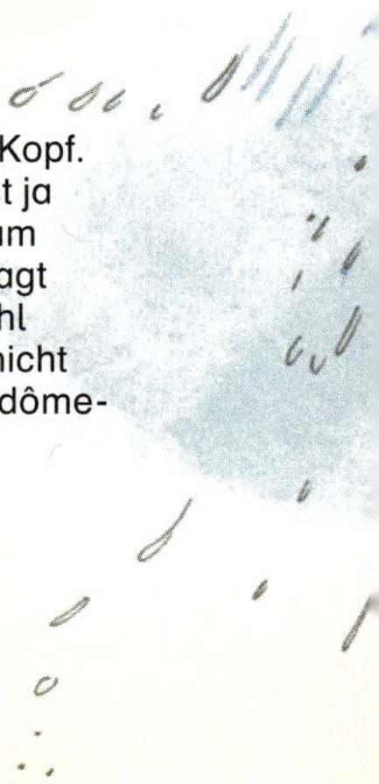

Wenn es regnet, fallen ihm die Regentropfen auf den Kopf. »Mann von der Vendôme-Säule«, sagen sie, »du wirst ja nass. Spring doch hinunter auf die Galerie und geh zum Türchen rein, dann stehst du im Trocknen.« »Nein«, sagt der Mann auf der Vendôme-Säule, »das muss ich wohl bleiben lassen, ich bin hier festgewachsen, ich kann nicht hinunterspringen.« »Ach, du armer Mann von der Vendôme-Säule!«, sagen die Regentropfen und fließen an ihm herunter, sodass er ganz nass und glänzend wird.

Und wenn der Blitz kommt, zicke-zacke-zuck-zuck, dann ruft er: »Du, Mann von der Vendôme-Säule, wenn du noch lange hier stehst, so fahr ich in deinen Kopf hinein, dann knallt's aber!« – »Das kannst du ruhig tun«, sagt der Mann auf der Vendôme-Säule gleichmütig, »ich bin doch aus Eisen, mir macht das alles nichts aus. Übrigens kannst du dann gleich den Turm hinunterlaufen und in die Erde fahren, da willst du ja doch hin.« »Zicke-zacke-zuck-zuck«, spottet der Blitz, »du weißt ja, wie es scheint, ganz genau Bescheid. Übrigens lasse ich mir keine Vorschriften machen, zicke-zacke-zuck-zuck.«, und schon ist er weg.

Aber wenn die gute Frau Holle ihre Betten schüttelt, dann fallen die Schneeflöcklein dem Mann auf der Vendôme-Säule sachte auf den Kopf, da bekommt er eine weiße Pelzmütze. Und dann fallen ihm die Schneeflocken auf die Schultern, da hat er einen warmen Pelzkragen. Und dann fallen sie ihm auf die Hände, da hat er weiche, weiße Pelzhandschuhe an und schließlich fallen sie ihm auf die Füße und machen ihm herrlich warme Pelzpantoffeln. Oh, ist das aber schön!

Der Text wird vorgelesen, die Kinder verfolgen die Bilder.

Ganz oben aber, noch über der Galerie steht ein Mann den lieben, langen Tag auf der Vendôme-Säule. Er steigt nie herunter, auch nachts nicht, wenn der Mond kommt.

Der guckt erstaunt und sagt: »Ei, Mann von der Vendôme-Säule, du stehst ja noch da! Willst du denn nicht schlafen gehen?« – »Nein«, sagt der Mann auf der Vendôme-Säule, »ich kann mich nicht rühren, ich bin doch aus Eisen.« – »Ach so«, sagt der Mond und zieht weiter.

Und wenn der Hagelmann kommt und seinen Sack ausschüttet, dann springen ihm die Hagelkörner ins Gesicht, gegen die Stirn, auf die Nase, an die Backen, überallhin. Rattattattatt, so schlagen sie auf, aber er rührt sich nicht. »Mann von der Vendôme-Säule«, sagen die Hagelkörner, »warum läufst du nicht weg?« »Ich bin doch aus Eisen, mir tut das alles nichts.«

»Rumpel-pumpel-rumpel-pumpel«, rumpelt der Donner hinterdrein, »da soll doch gleich das Donnerwetter reinschlagen in so einen alten Querkopf! Rumpel-pumpel-rumpel-pumpel!« Der Rumpelpumpelmann läuft nämlich immer hinter dem Blitz her und rumpelt fürchterlich, aber er tut keinem etwas zu Leide, er spielt sich nur so auf. Zu ihm sagt der Mann auf der Vendôme-Säule kein Wort, mit solchen alten Knurrpetern, die doch nichts tun, gibt er sich nicht ab.

Dann kommen die schwarzen Raben und krächzen: »Ei, Mann von der Vendôme-Säule, du bist aber fein!« »Ja«, sagt schmunzelnd der Mann, »einmal hab' ich doch auch etwas Schönes.« Und wenn er so recht behaglich von oben bis unten in lauter weißen Pelz eingemummelt ist, fallen ihm die Augen zu, und er schläft im Stehen ein. – Gute Nacht, du Mann von der Vendôme-Säule!

Vertont die Bilder mit Instrumenten.

Aufgrund eigener Ideen und Klangexperimente die Bilder vertonen.
Beispiele: hohe Treppe = Xylophon; Mann = Schichtklang aus Metall-Klangstäben; Mond = Becken; Blitz = Gurke; Raben = Stimme; Schnee = Glockenspiel
Die Einspielung vergleichen mit dem eigenen Ergebnis.

Schmetterlinge tanzen I/49–50

Musik und Text: Ulrike Meyerholz

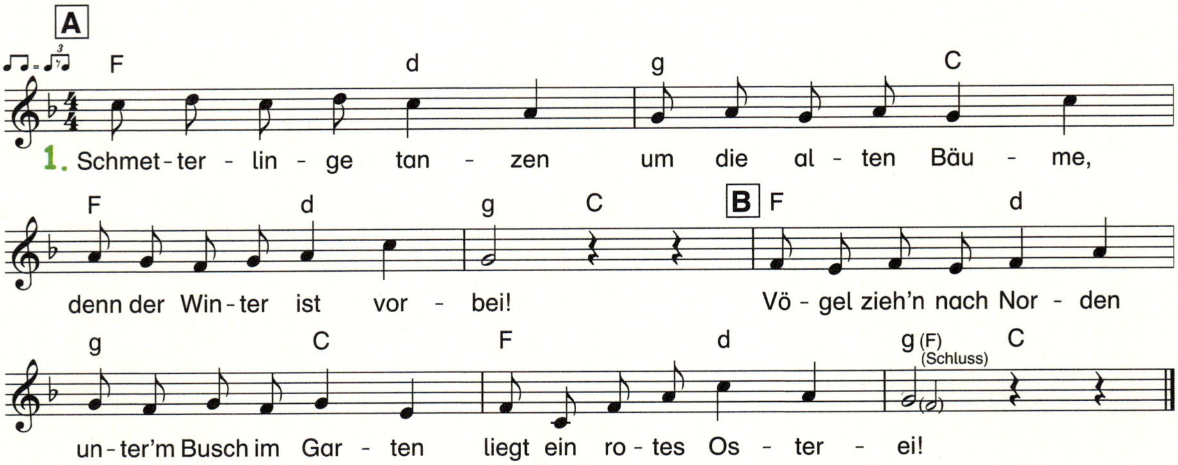

A

2. Vogelkinder flattern
um die alten Bäume,
denn der Frühling ist vorbei!
Alle sind im Schwimmbad,
alle freu'n sich auf die
Schoko-Nuss-Eis-Schleckerei.

3. Bunte Blätter tanzen
um die alten Bäume,
denn der Sommer ist vorbei!
Vögel zieh'n nach Süden,
doch die Sonne wärmt noch
fast genauso wie im Mai.

4. Glitzerflocken tanzen
um die alten Bäume.
Denn der Herbst ist längst vorbei.
Siebenschläfer schlafen
und ein Schneemann träumt von
winterweißer Zauberei.

B

Tanzbeschreibung:
Kreisaufstellung, jedes zweite Kind ist ein »Baum«.
Die jeweils anderen Kinder tanzen in Teil A um den nebenstehenden Baum herum.
Teil B: Die Paare tanzen eingehakt herum.

Das Lied singen und tanzen.
Die Basstöne F, D, G, C halbtaktig (wie die Gitarrengriffe) mitspielen.
Zu den Zwischenspielen auf der CD angefasst in Paaren herum gehen.

»Die vier Jahreszeiten« von Antonio Vivaldi

I/51–58

Hört die Musik. Welches Bild passt?

Der Frühling ist da! Die Vögel begrüßen ihn mit frohem Gesang.

Die Menschen leiden unter der drückenden Hitze, doch plötzlich bricht ein kalter Nordwind ein.

Die Landleute freuen sich über die Ernte. Sie singen, tanzen und trinken Wein. Manche sind betrunken.

Erstarrt vor Kälte zittern die Menschen. Sie klappern mit den Zähnen und stampfen mit den Füßen.

Die Musikausschnitte auf deutliche Ereignisse hin hören: 1. Frohe Stimmung, Vogelgesang. 2. Lähmende Hitze, stürmischer Wind. 3. Tanz, verrückte, »betrunkene« Töne. 4. Zittern, Zähneklappern, Stampfen. Zur Musik szenisch spielen.

Faschings-Show II/1–2

Musik und Text: Bettina Küntzel

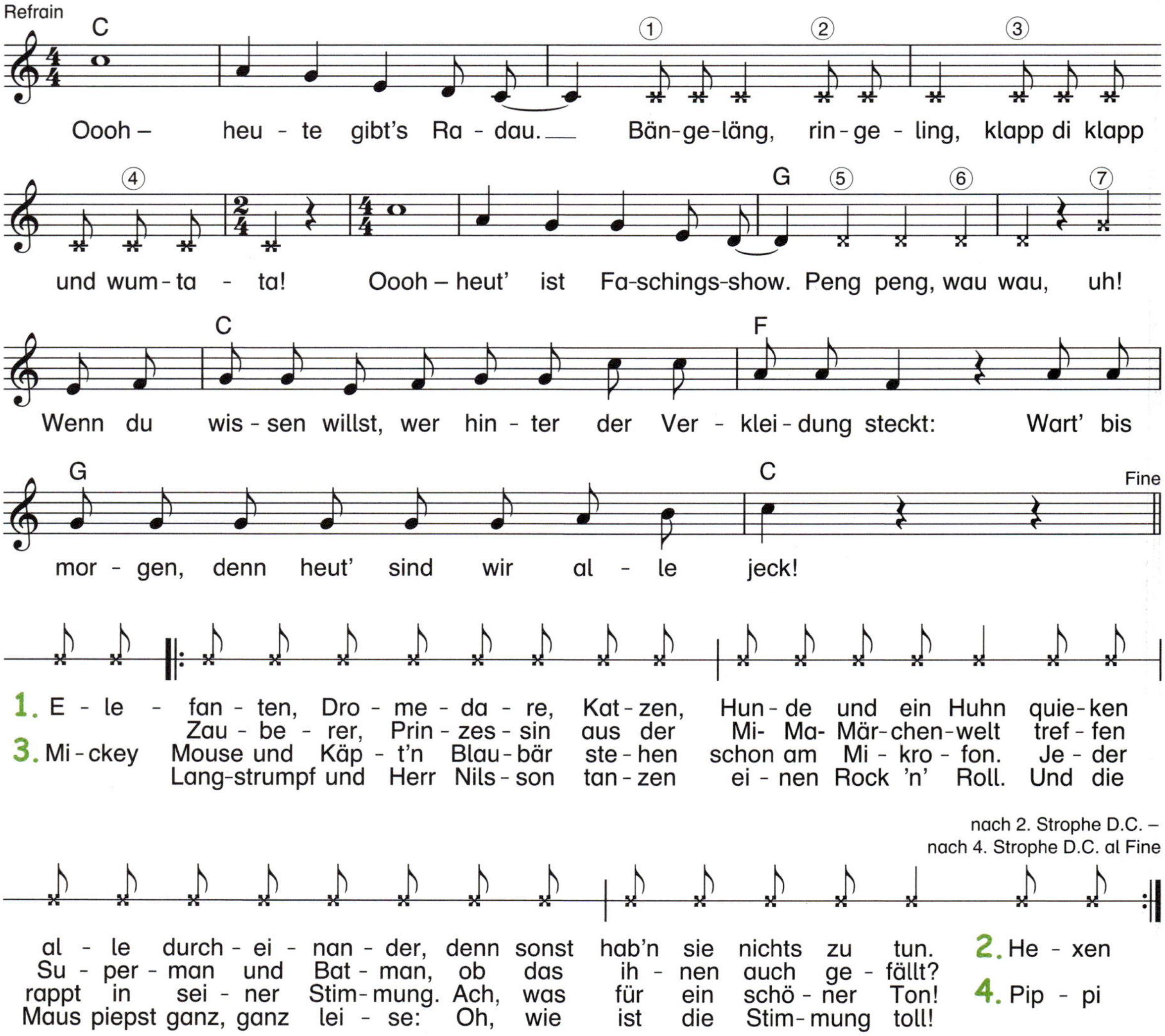

Refrain
Oooh – heute gibt's Radau.
Bängeläng, ringeling,
klapp di klapp und wumtata!
Oooh – heut' ist Faschings-Show.
Peng, peng, wau, wau – uh!
Wenn du wissen willst, wer hinter der Verkleidung steckt:
Wart' bis morgen, denn heut' sind wir alle jeck!

1. Elefanten, Dromedare, Katzen, Hunde und ein Huhn
quieken alle durcheinander, denn sonst hab'n sie nichts zu tun.

2. Hexen, Zauberer, Prinzessin aus der Mi-Ma-Märchenwelt
treffen Supermann und Batman, ob das ihnen auch gefällt?

Refrain

3. Mickey Mouse und Käpt'n Blaubär stehen schon am Mikrofon.
Jeder rappt in seiner Stimmung. Ach, was für ein schöner Ton!

4. Pippi Langstrumpf und Herr Nilsson tanzen einen Rock 'n' Roll.
Und die Maus piepst ganz, ganz leise: Oh, wie ist die Stimmung toll.

Refrain

Die Bewegungen im Refrain anhand der Bilder erfassen und umsetzen.
Die Strophentexte mit Hilfe der Bilder lernen, rhythmisch sprechen und szenisch spielen.

Immer wieder kommt ein neuer Frühling II/3–4

Melodie und Text: Rolf Zuckowski

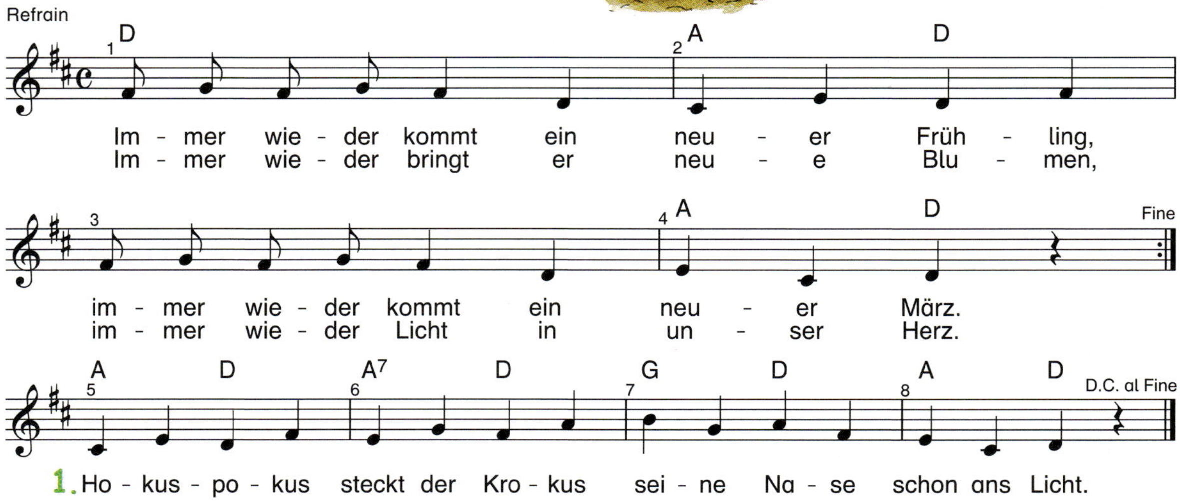

Refrain

1. Strophe

2. Strophe

3. Strophe

4. Strophe

5. Strophe

Tanz: Beim Refrain (Takt 1–4) im Kreis laufen, nach rechts beginnen, bei »März« stehen bleiben und die Tanzrichtung wechseln (Takt 1–4, Wiederholung). Während der Strophe (Takt 5–8) zum Inhalt passende Bewegungen am Platz ausführen.

Immer wieder kommen neue Strophen, immer wieder kommt auch der Refrain

Refrain:
Immer wieder kommt ein neuer Frühling,
immer wieder kommt ein neuer März.
Immer wieder bringt er neue Blumen,
immer wieder Licht in unser Herz.

1. Hokuspokus steckt der Krokus
seine Nase schon ans Licht.

Refrain

2. Auch das Häschen steckt sein Näschen
frech heraus aus seinem Bau.

Refrain

3. Still und leise hat die Meise
sich ein neues Nest gebaut.

Refrain

4. Auch die Schlange freut sich lange
schon auf ihre neue Haut.

Refrain

5. Und die Sonne strahlt voll Wonne,
denn der Winter ist vorbei.

Refrain

Die Begriffe »Refrain« (erkennbar an der sich wiederholenden Zeichnung und den immer gleichen Tanzschritten) und »Strophe« einführen.

Ballett der Küken in ihren Eierschalen II/5–6

8-mal im Grundschlag hüpfen.

16-mal mit den Ellenbogen abwechselnd »gegen die Eierschalen« schlagen.

Noch einmal von vorne

8-mal gezielt »gegen die Schale drücken« (mit »Flügelspitzen« oder anderen Gliedmaßen).

Schlusston: Einmal »mit dem Schnabel durch die Schale pieken«.

Tanzt zur Musik.

Das Stück von Modest Mussorgsky anhören. Wie lässt die Musik die Küken tanzen? Tanzbeschreibungen zur Musik umsetzen. Eine eigene Bewegungsgestaltung entwerfen.

Eine Musik – dreimal gespielt

Flügel II/7

Orchester II/8

Synthesizer II/9

Hört, wer spielt.

Wespe an dem Limoglas II/10–11

Musik und Text: Andrew Bond
dt. Text: BK

Das Lied im Dialog singen. Während die »Wespe« singt, summen andere Kinder im Hintergrund.
Zum Lied szenisch spielen.

Wespenflug II/12

Begleitung II/13

5-mal bis 3. Strophe
3. Strophe: 5-mal T. 1+2
1-mal T. 3+4
Takt 1+2 fade out

Summt wie die Wespe.

Mit dem Finger den Flug der Wespe nachzeichnen und den Höhenverlauf mitsummen, sodass die Stimme sich stetig auf- und abbewegt.

Der Maulwurf II/14–15

Melodie und Text: Michael Frielinghaus
Bearbeitung: BK

Spielt zum Refrain. II/16

Buddel buddel buddel buddel

bud

bum bum

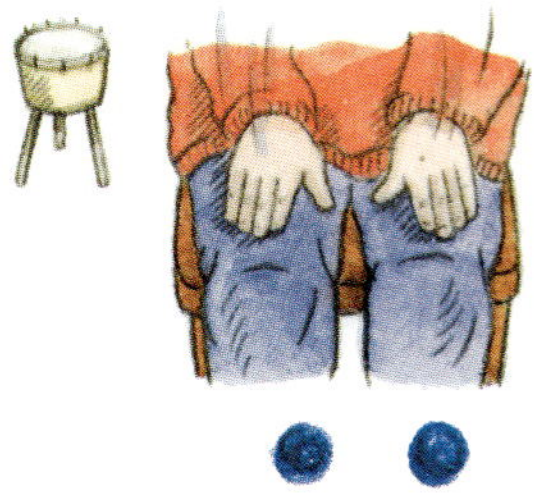

Den Strophentext gestisch gestalten, leise das Echo singen, ausdrucksvoll singen (z. B. die Blattlaus besonders leise, die Wildsau besonders laut).

Der Maulwurf

Buddel, buddel, buddel, buddel, bud, bum, bum.
Buddel, buddel, buddel, buddel, bud.

1. Der Maulwurf, der Maulwurf,
der Maulwurf wirft 'nen Hügel auf
und nennt sein' Haufen Hügelhaus,
der Maulwurf, der Maulwurf.
Refrain

2. Die Wühlmaus, die Wühlmaus,
die Wühlmaus wühlt sich durch den Dreck,
die Pfoten waschen hat kein Zweck,
die Wühlmaus, die Wühlmaus.
Refrain

3. Der Wühlklaus, der Wühlklaus,
der Wühlklaus wühlt im Baggermatsch,
da rutscht er aus: Kladderadatsch!
Der Wühlklaus, der Wühlklaus.
Refrain

4. Die Blattlaus, die Blattlaus,
die Blattlaus frisst nur Chlorophyll,
weshalb sie niemals buddeln will,
die Blattlaus, die Blattlaus.
Refrain

5. Die Wildsau, die Wildsau,
die Wildsau buddelt wie verrückt,
der Oberförster ist entzückt!
Die Wildsau, die Wildsau.
Refrain

6. Der Hamster, der Hamster,
der Hamster singt so lang er will,
auch wenn der Maulwurf sagt: »Sei still,
du Hamster, du Hamster!«

Schluss: Buddel, buddel, buddel, buddel Hamster.
Buddel, buddel, buddel, buddel Wildsau.
Buddel, buddel, buddel, buddel Blattlaus,
und das Lied ist aus.

Den Refrain mit körpereigenen Instrumenten und Schlaginstrumenten begleiten.

Der Regenwurm II/17–18

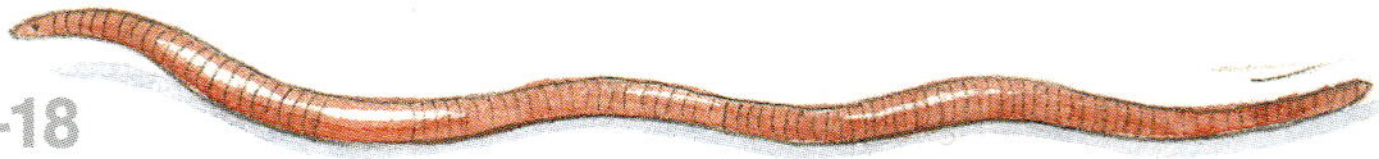

Heute ist Samstag. Ein schöner, sonniger Samstag im August. Die Vögel singen, die Bienen summen und die ganze Familie Müller ist draußen im Garten. Martin Müller, der Vater (»Guten Tag!«), repariert gerade das Gartentor. Irmi Müller, die Mutter (»Guten Tag!«), zupft Unkraut im Salatbeet. Melanie Müller, die Kleinste (»dlö, dlö, dlö«), liegt an einem schattigen Plätzchen in ihrem Kinderkörbchen. Und Christiane Müller (»Guten Tag!«), Christiane sitzt – wie soll es anders sein – mitten im Erdbeerbeet. Da, plötzlich, große Aufregung im Erdbeerbeet! Christiane springt mit einem Satz hoch und tanzt begeistert von einem Bein aufs andere:

Melodie: Michael Frielinghaus/Geoff Bastow
Text: Michael Frielinghaus

Papa Martin und Mama Irmi kamen natürlich sofort herbeigelaufen, um diese Sensation zu begutachten. Papa Martin meinte: »Siehst du, der gräbt gerade für uns den Garten um.« Und Mama Irmi meinte: »Der geht ja noch! Da gibt es noch viel längere!« Und die kleine Melanie Müller im Körbchen meinte: »Dlö, dlö, dlö.« Und Christiane tanzte Rock 'n' Roll!

Liedtext (»Schnell, schnell, Leute, …«)

Christiane (gesprochen):
»Ey, wo is' er denn jetzt? Mensch, jetzt ist er weg, der Wurm! He, Wurm! Och Mensch – blöder Wurm!«

II/19

* (instrumental: dreistimmig)

Das Lied singen und in das szenische Spiel einbinden.

Die Begleitung zum »Regenwurm«

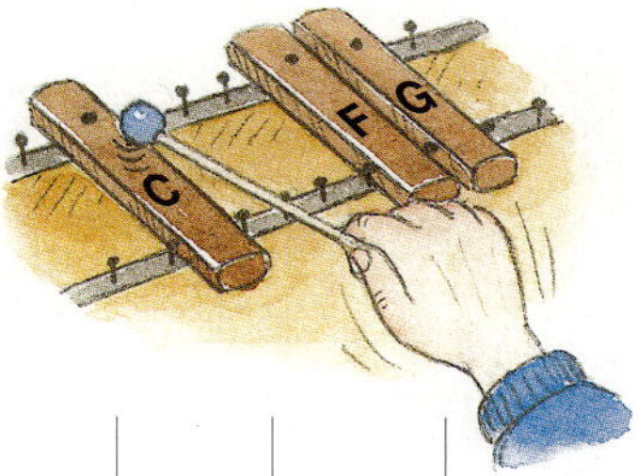

1. Der Bass II/20

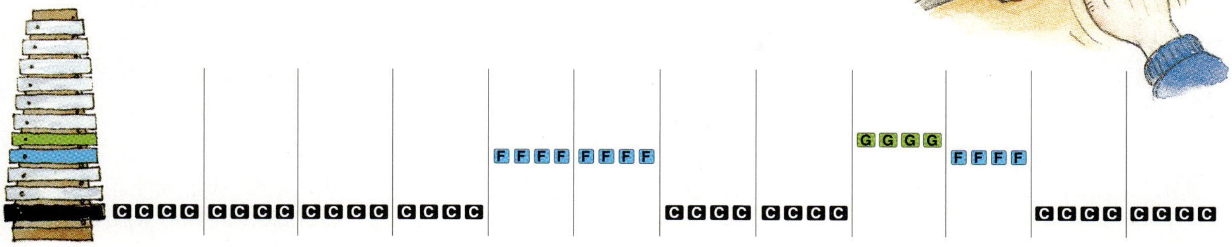

2. Die Begleitfigur II/21

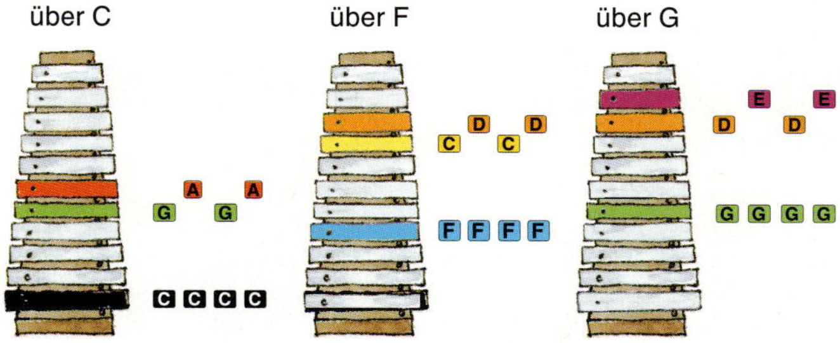

3. Der Rhythmus II/22

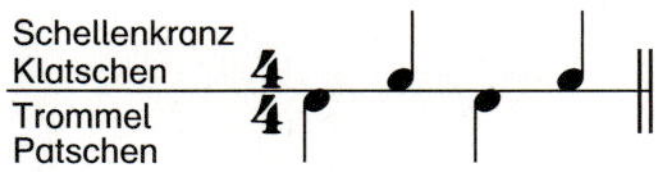

4. Das Fill-in II/23

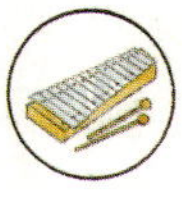

Spielt die Begleitstimmen.

Jede Stimme gemeinsam erarbeiten. Danach mehrstimmig musizieren.

Wir tanzen im Winde

II/24–25

Melodie und Text: Ulrike Meyerholz

Tanzt wie die Blätter im Wind.

Macht Windgeräusche.

2. Der Herbstwind wird stärker,
wir wirbeln herum.
Er braust und er bläst
und dann ist er ganz stumm.

Begleitung

Die unterschiedlichen Herbstwind-Qualitäten entdecken.

Fantasie und Fantadu
schließe beide Augen zu.

Stell dir mal vor, du bist der Wind. Du braust und saust über Äcker und Wiesen und pustest dem Drachen und den Kindern ins Gesicht. Und wenn du Luft holst, rührt sich kein Grashalm und kein Blättchen.

Helme Heine

Die abrupte Stille in Lied und Text herausarbeiten.

Hejo, spann den Wagen an II/26

mündlich überliefert aus England
deutscher Text: mündlich überliefert

Spielt euer eigenes Unwetter.

Nehmt es auf.

Zeichnet eure Musik auf. Verwendet diese Klangzeichen.

Regen

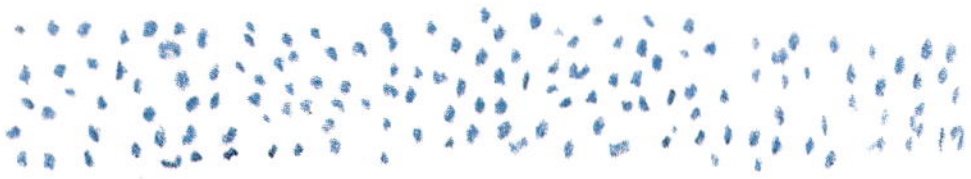

Wind

Regen und Wind

Regen wird weniger

Wind wird stärker, Regen auch

Hört die Beispiele und zeichnet die Klänge auf. II/27
Hört die Musik. II/28–30

Das Lied singen. Die Lehrerin/der Lehrer singt die zweite Kanonstimme. Einige singen mit. Evtl. kann die Lehrerin/der Lehrer daraufhin die dritte Kanonstimme singen. Die eigenen Unwettermusiken auch als Hintergrundmusik beim Singen einsetzen. Die Gewitterszenen aus den Musikbeispielen heraushören.

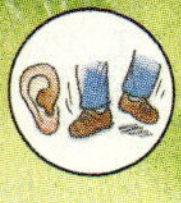 *Hört die Musik und tanzt dazu.*

Sieben kunterbunte Drachen II/32–33

Melodie: Friedrich Neumann
Text: Frigga Schnelle

2. Herbstwind trägt sie hoch hinaus,
gelb, rot, blau, so seh'n sie aus.
Schleifen auf dem Drachenschwanz,
drehen sich zum Drachentanz.

3. Sieben kunterbunte Drachen
siehst du dort am Himmel lachen.
Schweben in die Wolken rein,
suchen nach dem Sonnenschein.

4. Drachen flattern übers Feld,
grenzenlos ist ihre Welt.
Nur die Schnur in Kinderhand
holt sie aus dem Drachenland.

Begleitung II/32

Zur 3. und 4. Strophe in Vierteln oder Achteln spielen

Die Aufnahme hören und die Bewegungen der Musik anpassen: ruhig in den ersten beiden Strophen, temperamentvoll in den beiden letzten Strophen. Ansonsten freie Tanzgestaltung.

Lieber guter Weihnachtsmann II/34–35

Einleitung (gesprochen):
Ein Kind: Oh, guck mal, der Weihnachtsmann!
Weihnachtsmann: Wart ihr denn auch schön brav?
Alle Kinder: Ja, natürlich!
Weihnachtsmann: Und habt ihr denn auch ein Gedicht gelernt?
Kinder: Nööööö!
Weihnachtsmann: Na, dann kann ich ja gleich weitergeh'n.
Kinder: Nein, halt!

Melodie: mündlich überliefert
Arrangement und Text: Rolf Zuckowski

2. *(ein Kind)* Lieber guter Weihnachtsmann, ich muss mich beschweren.
Könntest du mir, bitteschön, jetzt mal was erklären?
Warum ist die Nase da ganz genau wie bei Papa?
Auch die Augen seh'n so aus, als ob sie Papas wären.
(Weihnachtsmann) Ist allerhand! *(Kinder)* Dam, dam, dam, dam – da – dam.
(Weihnachtsmann) Ich bin erkannt! *(Kinder)* Dam, dam, dam, dam – da – dam. (2-mal)

3. *(alle Kinder)* Lieber guter Weihnachtsmann, das ist nicht zum Lachen.
Wir soll'n lieb und artig sein, und du machst solche Sachen.
(ein Kind) Langsam wird es mir zu bunt, das da ist doch Papas Mund.
Du denkst wohl, du kannst mit uns solche Scherze machen.
(Weihnachtsmann) Hat keinen Zweck – *(Kinder)* Dam, dam, dam, dam – da – dam.
(Weihnachtsmann) Ich muss hier weg! *(Kinder)* Dam, dam, dam, dam – da – dam. (2-mal)

4. *(ein Kind)* Lieber guter Weihnachtsmann, nein, du darfst nicht gehen.
Du siehst ja so traurig aus, das mag ich nicht sehen.
So war das doch nicht gemeint, dass am Ende einer weint.
Wir hab'n dich doch trotzdem lieb. Kannst du das nicht verstehen.
(Weihnachtsmann) Naja, naja. *(Kinder)* Dam, dam, dam, dam – da – dam.
(Weihnachtsmann) Dann bleib ich da. *(Kinder)* Dam, dam, dam, dam – da – dam. (2-mal)

Wolfgang Amadeus Mozart

Hier seht ihr Wolfgang Amadeus Mozart am Klavier sitzen.
Er ist 7 Jahre alt und ein Wunderkind im Klavierspielen.
Mit seinem Vater und seiner Schwester reist er in einer Kutsche von einer Stadt in die andere und spielt vor Königen und Königinnen.
Als Erwachsener wird er ein berühmter Komponist werden.

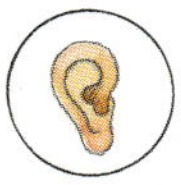

Hört die Musik von Mozart. I/36–37
Erkennt ihr die Melodie des Weihnachtsliedes?

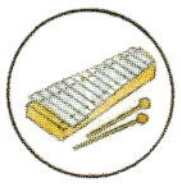

Spielt die Melodie selbst. Spielt A – A – B – A.

A

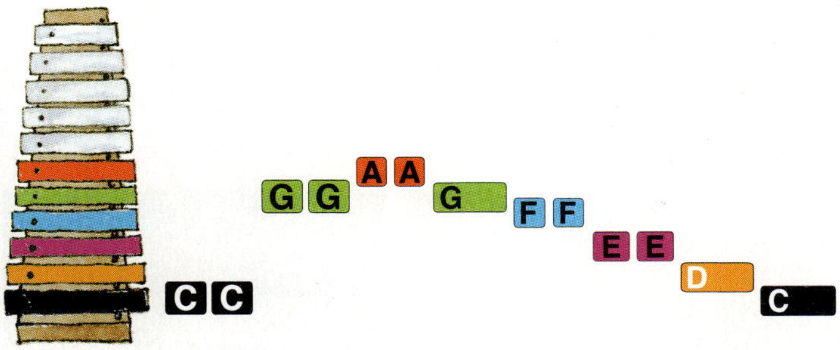

B

(2mal)

Das Lied singen und szenisch darstellen.
Den Ausschnitt aus dem Klavierstück von Mozart hören und das Thema erkennen.
Die Melodie – auch auf der Blockflöte! – selbst musizieren.

Wisst ihr, was die Frösche am Weihnachtsabend machen? II/38

Melodie und Text: Volker Rosin

Spielt den Refrain. II/39

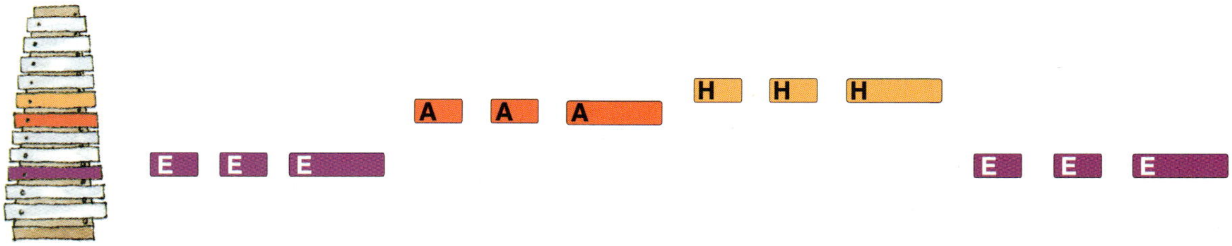

Tiergeräusche nachahmen II/40–43

Das Lied singen, die Melodie des Refrains auf Stabspielen spielen.
Die originalen Tierstimmen anhören und imitieren.
Diese in freier Gestaltung zum auf Stabspielen gespielten Refrain einsetzen.

Wisst ihr, was die Frösche am Weihnachtsabend machen?

1. Wisst ihr, was die Frösche
am Weihnachtsabend machen?
Sie ziehen sich ’nen Anzug an
und fangen dann zu singen an:
Quak, quak, quak …

2. Wisst ihr, was die Katzen
am Weihnachtsabend machen?
Sie sehen weiße Flocken
und woll’n am Ofen hocken.
Miau, miau, miau …

3. Und die Elefanten,
die feiern bei den Tanten.
Sie essen aus der Schüssel,
trompeten mit dem Rüssel:
Täterätätä…

4. Wisst ihr, was die Fische
am Weihnachtsabend machen?
Sie schwimmen auf und nieder
und blubbern Weihnachtslieder.
Blubb, blubb, blubb …

5. Wisst ihr, was die Ferkel
am Weihnachtsabend machen?
Sie wälzen sich im Mist!
Ob das wohl lustig ist?
Oink, oink, oink …
grunz, grunz, grunz

Bilder zu den Strophen malen.

Von Kindern und anderen Leuten

Sieben Indianerkinder III/1

Melodie: Christine Gauster
Text: Mira Lobe, Ernst A. Ekker
Textbearb.: BK

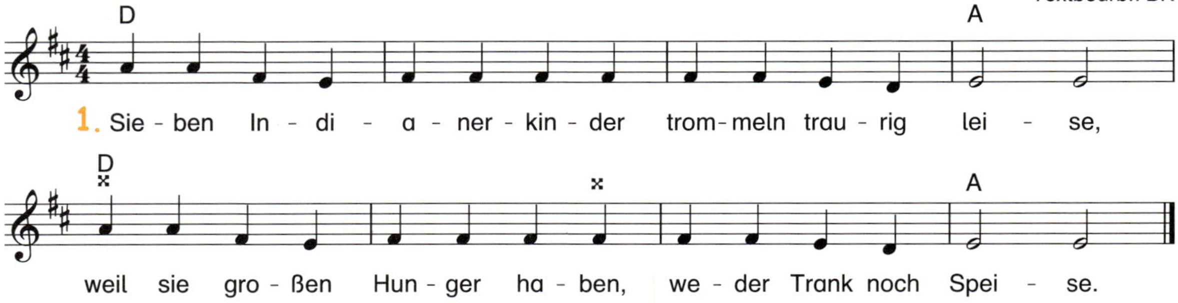

In den weiteren Strophen wird die Melodie von × bis × einmal wiederholt.

2. Sieben Indianerkinder
trommeln etwas lauter,
weil sie was gefunden haben:
gelben Mais und Honigwaben –
trommeln immer lauter.

3. Sieben Indianerkinder
trommeln stark und mächtig,
weil sie volle Bäuche haben;
sieben Indianerkinder
fühl'n sich satt und prächtig.

Eine große Trommel bauen

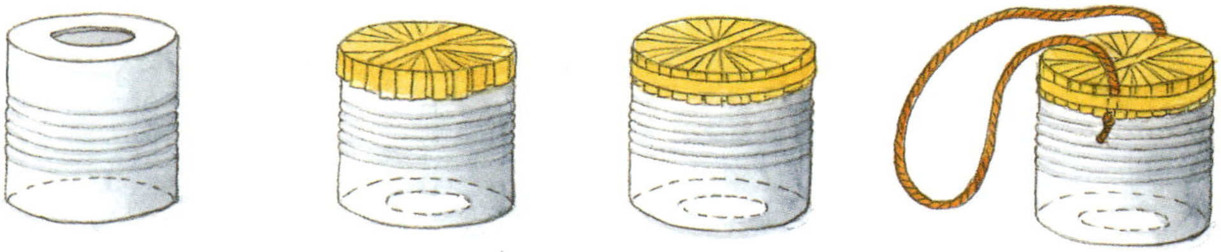

Einen Schlägel für eine große Trommel bauen

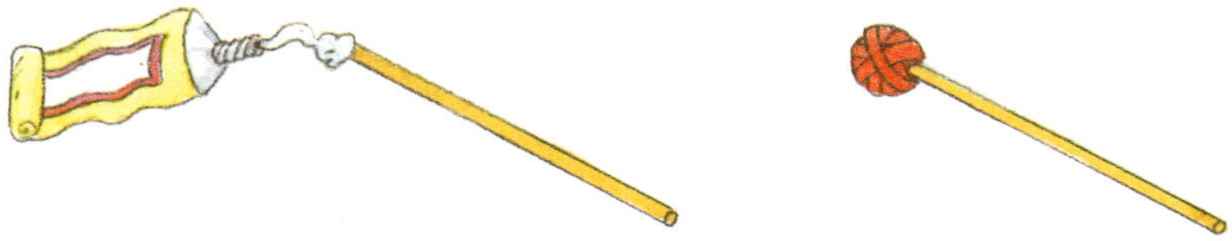

Eine Rassel bauen

Indianerrassel aus einer Blechbüchse

Wie laut spielt die Trommel? III/2

Das Lied singen, die Steigerung der Lautstärke (crescendo) herausarbeiten.
Eine große Trommel mit passendem Schlägel und drei Rasseln bauen.

Hey Ungawa III/3–4

Melodie und Text: mündlich überliefert

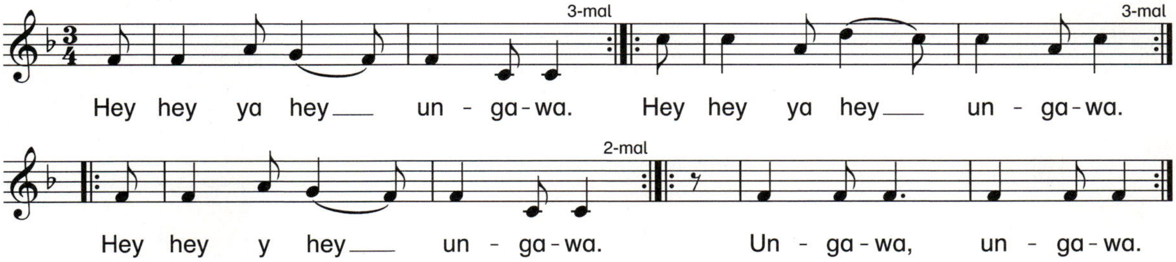

Singt, spielt und tanzt wie Indianer.

Tanzbeschreibung:

Kreisform, Blick zur Mitte, Handfassung: beide Daumen links.
Man tanzt im einfachen Seitstellschritt; li Fuß nach links, re ran usw.
Pro ♩. ein Schritt. Die Knie wippen locker mit. Zu den letzten zwei Takten geht der Seitstellschritt nach rechts.
Mit Beginn eines neuen Durchgangs wieder nach links.

Begleitung

»Hey Ungawa« ist ein Willkommen-Lied der Chumash von der pazifischen Nordwestküste Amerikas.
Es wird als Eröffnungslied für Zusammenkünfte verwendet.
Man spricht den Text: »Hey, hey ja, he-ej un-ga-wa«.

Ging ein Kind zum Brunnen

III/5–6

Melodie und Text:
Margrit Küntzel-Hansen

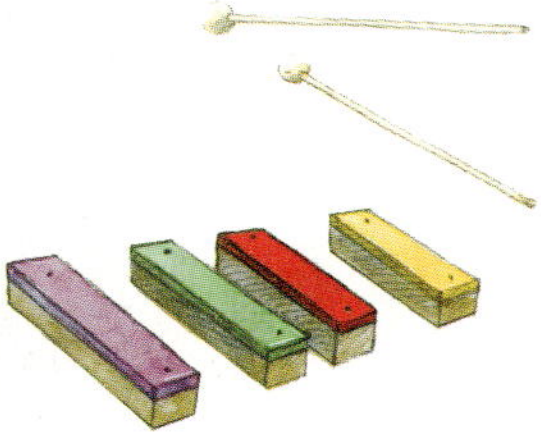

2. Ging das Kind zum Bächlein, Bächlein das war leer.
Sagt das Kind: »Wo nehm' ich nur das Wasser her?«

3. Ging das Kind zum Ozean, Ozean war leer.
Sagt das Kind: »Wo nehm' ich nur das Wasser her?«

4. Ging das Kind zum Wasserhahn, drehte kräftig auf.
Ei, da sprang das Wasser bis zum Krug hinauf.

5. Sprang bis zu dem Brunnen, Bächlein und zum Meer.
Sagt das Kind: »Wo nehm' ich nur die Fischlein her?«

6. Fischlein kam geschwommen bis ins weite Meer.
Sagt das Kind: »Wo nehm' ich nur die Schiffe her?«

7. Schifflein kam gefahren bis ins weite Meer.
Fuhr das Kind von dannen, kam nie wieder her.

Die Melodie auf Xylophonen spielen. Zur Begleitung auf Glockenspielen und Metallophonen durch freies Spielen mit den Melodietönen e', g', a', c'' einen Klangteppich herstellen.

Wasser-Musik

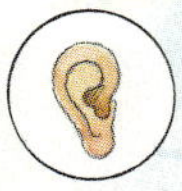 *Hört euch die drei Musikstücke an.* III/7–9

 *Zu einer Musik könnt ihr eine Unterwasserwelt malen.* III/7

 *Zu einer anderen Musik könnt ihr spielen, ihr wäret Seeleute in Not.* III/8

 *Zu dem Lied könnt ihr den Fischetanz tanzen.* III/9

Die drei Musikstücke (»An ocean of memories« aus »Titanic«, die Sturmszene aus Richard Wagners »Der Fliegende Holländer« und der »Fischetanz« aus dem »Regenbogenfisch« von Detlev Jöcker) den Aufgaben zuordnen.
In Gruppenarbeit oder im Klassenunterricht die Aufgaben bearbeiten.

Heidi und andere Fernseh-Kinder

Heidi III/10

Melodie: Christian Bruhn
Text: Wolfgang Weinzierl / Andrea Wagner

Die Kinder vom Süderhof III/11

Melodie und Originaltext: Rolf Zuckowski
Spezialtext: Rudolf Müssig

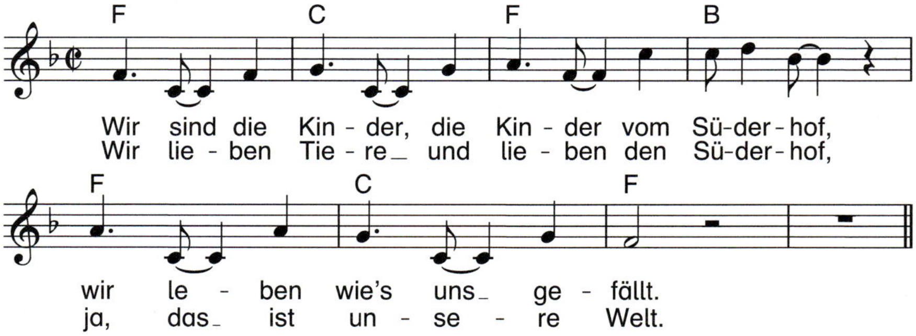

? *Welche Anfangslieder von Serien kennt ihr?*

Die Kinder bringen Tonträger von zu Hause mit, auf denen Titel-Lieder enthalten sind, die sie mögen. Das passive Liedrepertoire von Titelmelodien wird abgerufen – die Lieder werden gesungen.

Hey, hey, Wickie III/12

Melodie und Text: Christian Bruhn/Andrea Wagner

Bibi Blocksberg III/13

Melodie und Text: Wolfgang Loos-Wilhelm/Heiko Rüsse

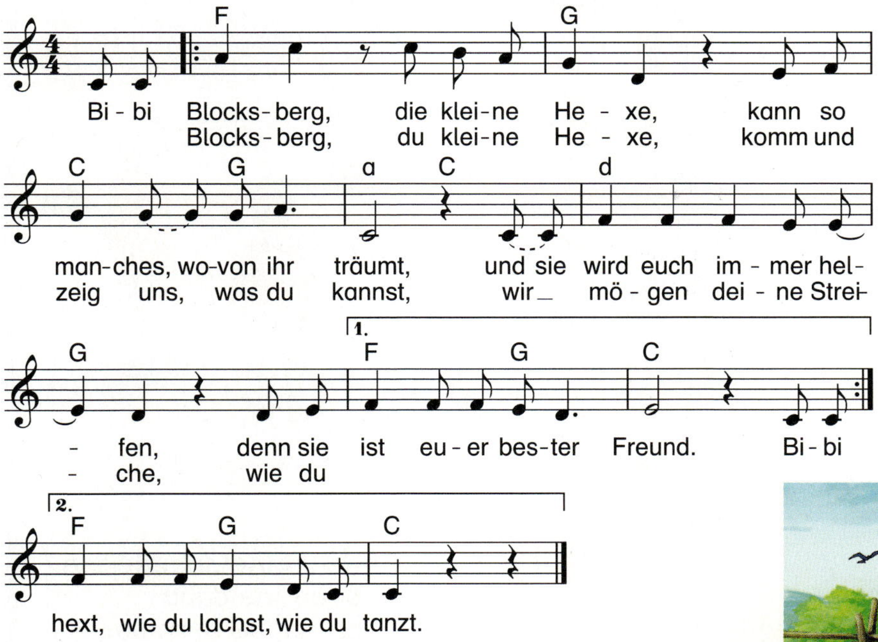

Andere Titel-Lieder hören und den Bildern zuordnen. III/14–18

Abzählreime

Stellt euch vor, ihr wollt in der Pause »Fangen« spielen und es findet sich kein Fänger.
Dann zählt ihr aus.

Eine kleine Mickey-Maus, zog sich mal die Hosen aus,
zog sie wieder an und du bist dran.
Dran bist du noch lange nicht, musst erst sagen, wie alt du bist.
* 1, 2, 3, 4, 5, 6, 7, 8.
* Acht ist kein Wort und du bist fort.

Wer bei »fort« getippt wird, muss heraus aus dem Kreis.
Wer übrig bleibt, ist Fänger.

Welche Abzählreime kennt ihr?

* Entsprechende Jahreszahlen einsetzen.

Rhythmisches Sprechen verschiedener Abzählreime.
Auf dem Schulhof »Fangen« spielen.

Musik zu Abzählreimen III/19–20

Musik: S. Portulari, F. Zafret, M. Pinosa
Textversion: C. Zennario

1, 2, Polizei

1, 2, Po-li-zei. 3, 4, Gre-na-dier. 5, 6, al-te Gecks. 7, 8, gu-te Nacht.

1, 2, Po-li-zei. 3, 4, Gre-na-dier. 5, 6, al-te Gecks. 7, 8, gu-te Nacht.

1, 2, Po-li-zei. 3, 4, Gre-na-dier. 5, 6, al-te Gecks. 7, 8, gu-te Nacht.

1, 2, Po-li-zei. 3, 4, Gre-na-dier. 5, 6, al-te Gecks. 7, 8, gu-te Nacht.

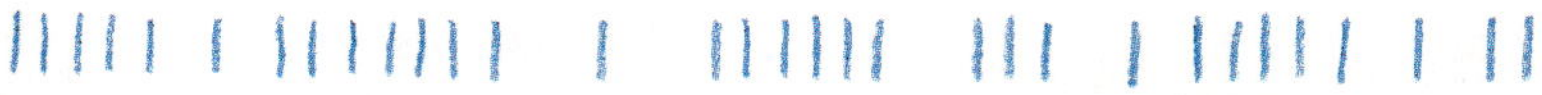

E E E E E E E E G G G G D D D D

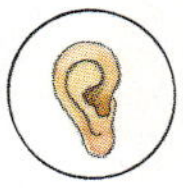

Hört die Musik. Lest die »Noten« mit.

Spielt eigene Musik zu anderen Abzählreimen.

Könnt ihr eure Musik aufmalen?

Das Musikstück hören. Die Begleitstimmen und den Ablauf ihres Einsatzes heraushören. Die notierte Musik nachspielen.
Andere Verse finden und mit drei verschiedenen Instrumenten(-gruppen) begleiten.
Das Gespielte notieren.

Tumba, tumba III/22

Melodie und Text:
mündlich überliefert

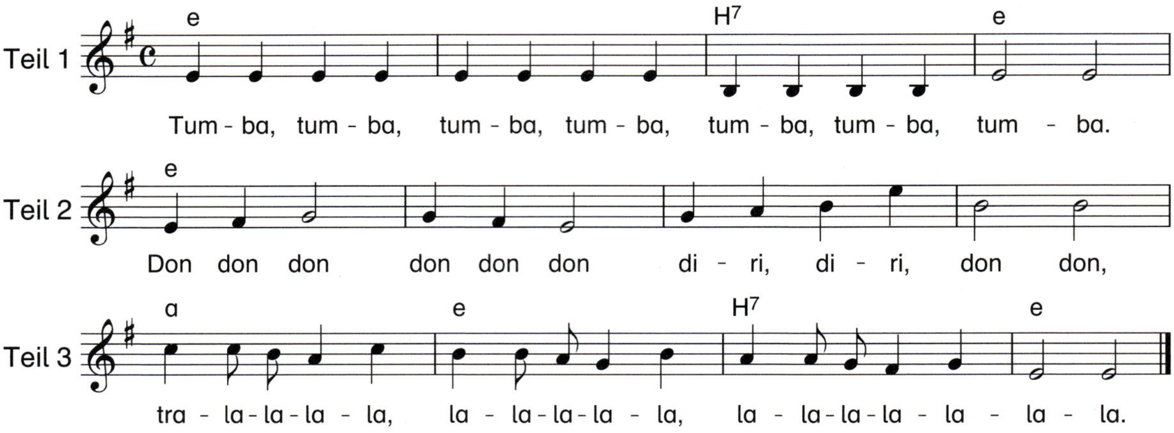

Tanzt und spielt zum Lied.

Welche Begleitinstrumente passen zu den drei Tanzteilen?

①

Tum-ba, tum-ba, tum-ba

②

Di, di, di …

③

Tra-la-la-la-la …

Die Tanzgruppe: Teil 1: Stampfen in Halben. Teil 2: um sich selbst drehen, Klatschen. Teil 3: angefasst herum tanzen. Die Musikgruppe: Einige spielen Trommeln zu Teil 1, andere Klanghölzer im Melodierhythmus zu Teil 2, andere Schellenkränze in Vierteln zu Teil 3.

Hokey-Cokey III/23

Melodie: mündlich überliefert
deutscher Text: BK

2. Den rechten Arm hinein …
3. Das linke Bein hinein …
4. Das rechte Bein hinein …
5. Und nun den Po hinein, und nun den Po hinaus, rein, – uh! –, raus, – uh! –, schüttel ihn mal aus.

Alle stehen im Kreis, Blick zur Mitte
① Das betreffende Körperteil wird in die Kreismitte gestreckt
② Hinaus strecken
③ Ausschütteln
④ Um sich selbst drehen, dabei klatschen
⑤ Alle fassen sich stehend an den Händen
⑥ Im Nachstellschritt nach rechts tanzen
⑦ Stehenbleiben
⑧ Die Arme angefasst hoch strecken
⑨ Im Nachstellschritt nach links tanzen
⑩ Ein Bein in die Kreismitte »werfen«
⑪ Handfassung lösen, Arme am Platz nach unten strecken
⑫ Arme am Platz nach oben strecken
⑬ Dreimal Klatschen

Neue Strophen entwickeln. »Rechts« und »links« üben.
Zur Einspielung tanzen. Die darin zu hörende Tempobeschleunigung (accelerando) beachten.

Bei den Geistern ist was los!

Die Stimmaktionen der »Geister« von der Aufnahme den Abbildungen zuordnen. Dabei genau auf den Klang der Stimme achten und versuchen diese zu imitieren.

Hört die Geister. III/24

Das Bild kann im Sinne des Spieles »Kofferpacken« bearbeitet werden. Der erste spricht: »Ich gerate in ein Geisterhaus. Zuerst begegne ich dem »bmm, bmm«. (Stimmlich und pantomimisch wird das »Propeller-Gespenst« imitiert.) Der zweite spricht: »Ich gerate in das Geisterhaus. Zuerst begegne ich dem »bmm, bmm«, dann dem »fft, fft« (dem Kerzenauspuster) usw.

Hundertzwei Gespensterchen

III/25

Melodie: Ingeborg Becker/Heinz Jung
Text: James Krüss

2. Hundertzwei Gespensterchen
waren sehr vertrackt:
Hinter meinem Fensterchen
klopften sie im Takt.

3. Hundertzwei Gespensterchen
haben mich erschreckt.
Weit entfernt vom Fensterchen
hab ich mich versteckt.

4. Hundertzwei Gespensterchen
waren plötzlich fort.
Schlich mich schnell zum Fensterchen,
fand sie nicht mehr dort.

5. Hundertzwei Gespensterchen
denkt euch, wie famos,
waren an dem Fensterchen
Regentropfen bloß!

Spielt die Regengeräusche zum Lied.

Der Wechselschlag

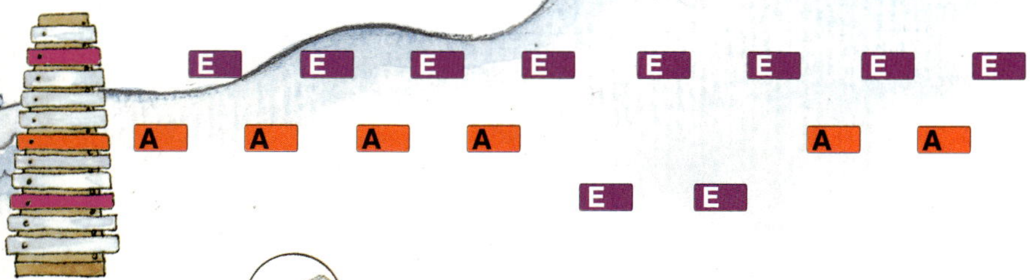

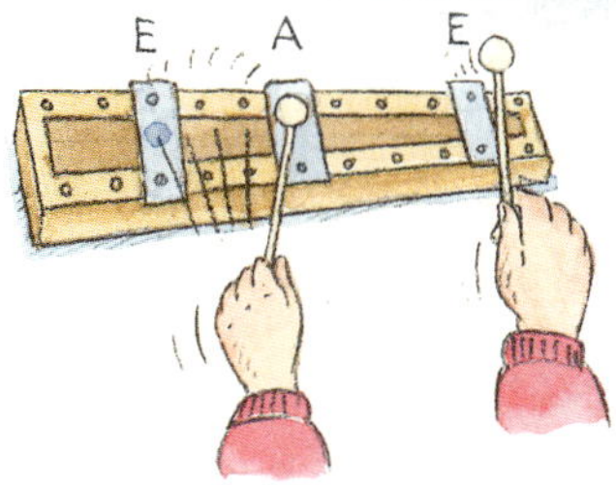

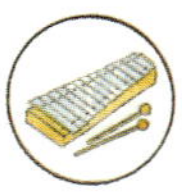

Spielt die Begleitung im Wechselschlag.

III/26

Die Regenbegleitung durch Fingertrippeln auf Handtrommeln, Reis-Joghurtbecher, Regenmacher etc. dem Liedinhalt anpassen. In der 2. Strophe »im Takt klopfen«, in der 3. Strophe »erschrecken« (einzelne Töne laut spielen). In der 4. Strophe bei »fort« plötzliche Stille. Mit dem Kassettenrekorder aufnehmen.

III/27

Fünf Gespenster

Dorothée Kreusch-Jacob

Fünf Gespenster
hocken vor dem Fenster.
Das erste schreit: »Haaaaaaa!«
Das zweite heult: »Hooooooo!«
Das dritte brummt: »Huuuuuuu!«
Das vierte lacht: »Hiiiiii!«
Das fünfte schwebt
zu dir herein und flüstert:
»Woll'n wir Freunde sein?«

»1« für den Regen

III/28

mündlich überliefert

(gesprochen)	(gespielt)
1 für den Re-gen	(Regenmacher)
2 für den Wind	(Handtrommel)
3 für die Son-ne	(Triangel)
4 für das Kind	(Rassel)
5 für den Donner	(Pauke)
6 für die Nacht	(Becken)
Sie-ben Ge - spens-ter	(freier Rhythmus)
Ach-tung! Es kracht!	(alle)

Die Vokale und die stimmlichen Ausdrucksformen im Gedicht »Fünf Gespenster« deutlich herausarbeiten. Die Mundstellungen der Gespenster den Vokalen zuordnen. Die »Fünf Gespenster« szenisch spielen. »1 für den Regen« rhythmisch sprechen und auf Instrumenten spielen.

Peter und der Wolf – Eine Geschichte zum Hören und Spielen III/29–51

Die Geschichte zu den Bildern erzählen, die Musikausschnitte aus dem Werk »Peter und der Wolf« von Sergej Prokofiev den Bildern zuordnen. Die Höreindrücke beschreiben.

Die Geschichte selbst spielen. Mit Körperinstrumenten und anderen Instrumenten an einigen Stellen mitspielen.
Selbst Musik zu den Figuren erfinden.

Peter und der Wolf mit ein paar Freunden

Streichinstrumente III/52

Schlaginstrumente III/53

Musikalische Themen aus »Peter und der Wolf« den Abbildungen zuordnen, die Klangeigenschaften der Instrumente beschreiben.

Holzblasinstrumente III/54

Blechblasinstrumente III/55

Pantomimisch darstellen, wie die Instrumente gehalten werden, die Musikbeispiele zuordnen.
Anhand der Musikbeispiele »Solo«, »Solokonzert« und »Ensemble« unterscheiden.

Die Vogelhochzeit – ein Singspiel

Ein Vogel wollte Hochzeit machen

III/56–57

Melodie: mündlich überliefert
Text: Rolf Zuckowski

2. Dann singt doch mit und hört euch an,
wovon ich nun berichte!
Fidirallalla …

3. Ob groß, ob klein, auf dieser Welt
ist niemand gern alleine.
Fidirallalla …

4. Was macht ein Vogel, der allein ist,
wisst ihr was ich meine?
Fidirallalla …

5. Er sucht sich einen Platz im Baum
und singt die schönsten Lieder.
Fidirallalla …

6. Und wenn er Glück hat, setzt sich bald
ein Weibchen zu ihm nieder.
Fidirallalla …

Zwischentexte zum Vorlesen:

Ein Vogelmännchen, das lange allein umhergeflogen war, saß auf einem Baum, um sich auszuruhen. Es hatte sich schon vorgestellt, wie schön es wäre, nicht immer so allein zu sein. Und weil es von seinen Eltern wusste, dass Vogelweibchen von schönem Gesang angelockt werden, sang es so laut und schön wie es nur konnte. Stunde um Stunde verging, aber das Vogelmännchen sang vergebens.
Doch plötzlich erblickte es hoch über sich einen hübschen Vogel, der ganz wie ein Weibchen aussah.
Vor lauter Freude sang das Männchen noch fröhlicher, als es das Weibchen direkt auf sich zufliegen sah.

Hoch in der Luft

III/58–59

Melodien und Texte S. 73–78:
Rolf Zuckowski

2. Hoch in der Luft
fliegt es schon seit Tagen,
leer ist sein Bauch,
und müde ist es auch.

Plötzlich klingt in seinem Ohr
ein schönes Lied,
wie nie zuvor.
Auf dem Baum im Sonnenschein
da singt ein Vogel
ganz allein.

3. Hoch in der Luft
freut sich da das Vöglein
und es sagt sich:
Das wär ein Mann für mich!

Die beiden Vögel begannen, fröhlich miteinander zu singen und fühlten sich schon bald gar nicht mehr wie Fremde. Sie tanzten und sangen miteinander bis in die Nacht und konnten kein Ende finden.

Vögelein, Vögelein, tanz mit mir

III/60–61

Vor-, Zwischen- und Nachspiel

2. Vögelein, Vögelein, tanz mit mir,
immer noch einmal herum.
Vögelein, Vögelein, glaube mir,
irgendwann fallen wir um.
La, la, la …

3. Vögelein, Vögelein, tanz mit mir,
immer noch einmal ums Licht.
Vögelein, Vögelein, glaube mir,
heute Nacht schlafen wir nicht.
La, la, la …

Das Vogelpärchen baute sich auf dem Baum ein gemütliches Nest. Es war gerade fertig, als das Weibchen ein Ei legte, das in seinem Bauch gewachsen war. Es setzte sich ganz vorsichtig darauf und begann zu brüten. Nun begann eine ziemlich langweilige Zeit, in der das Ei warm gehalten werden musste.

Immer nur brüten

III/62–63

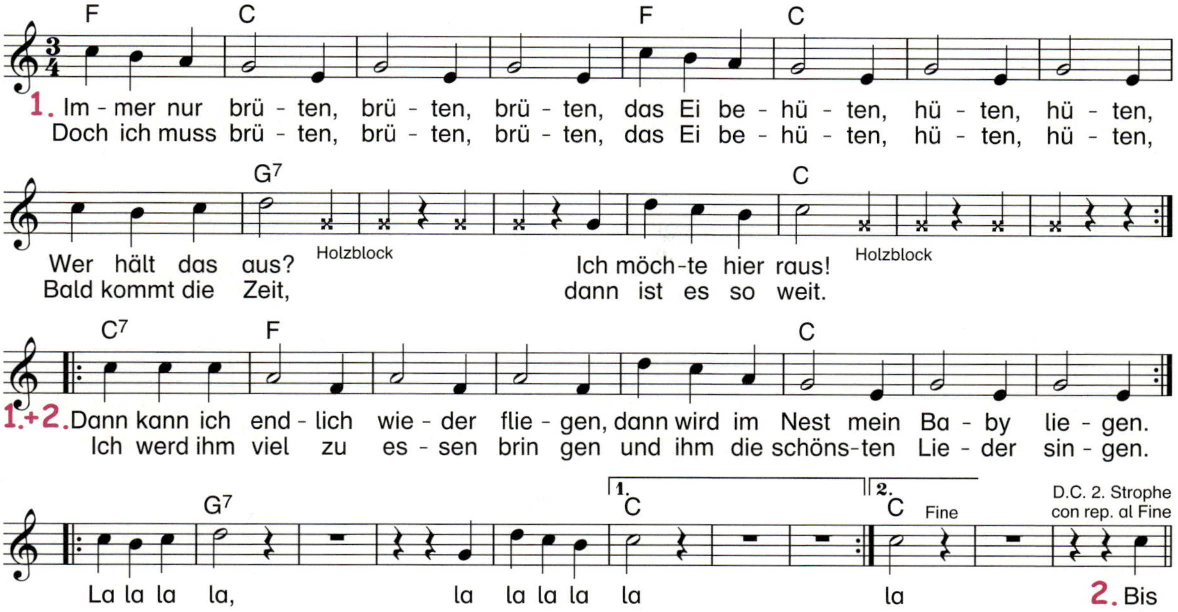

2. Bis dann muss ich brüten, brüten, brüten,
das Ei behüten, hüten, hüten.
Ich seh es ein,
es muss wohl so sein.
Einer muss brüten, brüten, brüten,
das Ei behüten, hüten, hüten.
Ist es auch dumm,
die Zeit geht schon rum.

1. + 2.
Dann kann ich endlich wieder fliegen,
dann wird im Nest mein Baby liegen.
Ich werd' ihm viel zu essen bringen
und ihm die schönsten Lieder singen.
La la la la, la la la la la.

Dann endlich war es soweit. Eines Tages hörten die beiden Vögel ein merkwürdiges Geräusch, das aus dem Ei kam. Zuerst war es sehr zart und leise, dann aber wurde es allmählich laut und kräftiger. In dem Ei bewegte sich etwas und tickte immer wieder gegen die Schale.

Tick, tick, tick

III/64–65

2. Tick, tick, tick –
tick, tick, tick,
ich will hier endlich raus!
Hier drinnen ist es viel zu eng,
ich halt es nicht mehr aus!

Im Ei, da ist es warm und schön,
doch leider kann man gar nichts seh'n.

3. Tick, tick, tick –
tick, tick, tick,
ich glaub', es ist soweit,
ich muss jetzt endlich an die Luft,
es ist doch höchste Zeit!

4. Tick, tick, tick –
tick, tick, tick,
ich pick das Ei entzwei,
mein Schnabel macht ein großes Loch,
und schwups, schon bin ich frei!

Von nun an flatterte das Vogelbaby den ganzen Tag lang im Nest herum und ließ seinen Eltern keine ruhige Minute. Von früh bis spät kannte es nur einen einzigen Wunsch: Fressen.

Ein Vogelbaby wird niemals satt

III/66–67

2. Ein Vogelbaby frisst wie ein Bär
und will immer, immer,
immer noch viel mehr.
Ein Vogelbaby ist gar nicht dumm,
und es hüpft den ganzen Tag,
ja, es hüpft den ganzen Tag,
ja, es hüpft den ganzen Tag,
im Nest herum.

3. Ein Vogelbaby, das singt und piept,
bis es immer, immer
immer noch was gibt.
Ein Vogelbaby gibt keine Ruh,
und es macht nur, wenn es schläft,
ja, es macht nur, wenn es schläft,
ja, es macht nur, wenn es schläft,
den Schnabel zu.

Viele Tage und Nächte waren vorüber gegangen. Und aus dem kleinen Vogelbaby war fast schon ein großer Vogel geworden. Er hatte das Fliegen gelernt und viele andere wichtige Dinge, die ein Vogel wissen muss.
Als der Tag kam, an dem der junge Vogel davonfliegen wollte, nahm das Vogelmännchen sein Weibchen in den Arm und beide winkten ihrem Kind lange nach.

Immer wenn ein Vogelbaby größer wird

III/68–69

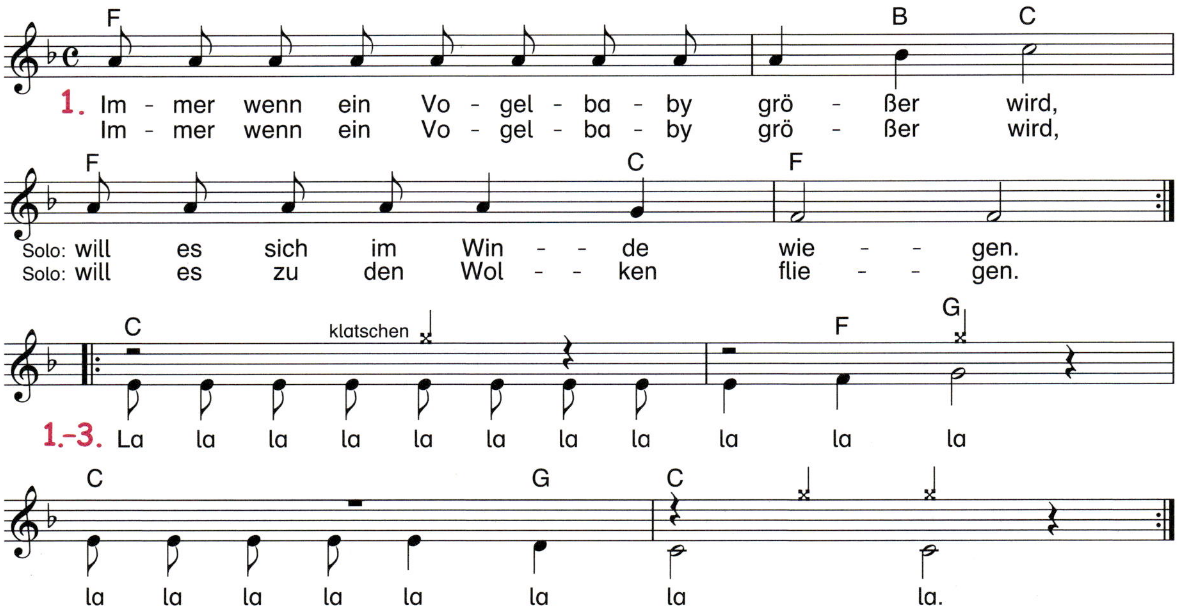

2. Immer wenn ein Vogelbaby größer wird,
muss es eine Menge lernen.
Immer wenn ein Vogelbaby größer wird,
träumt es von den gold´nen Sternen.
La La La …

3. Immer wenn ein Vogelbaby größer wird,
stellt es sich auf seine Beine.
Immer wenn ein Vogelbaby größer wird,
fliegt es in die Welt alleine.
La La La …

Der junge Vogel flog über Wälder, Flüsse, Berge, Städte und Felder und sah viele Dinge, von denen seine Eltern ihm erzählt hatten. Er erlebte warme und kalte Monate und wurde allmählich ein erwachsener Vogel.
Aber manchmal fühlte er sich ein bisschen allein. Als er sich eines Tages auf einem Baum ausruhte, begann er, laut und schön zu singen. Denn er wusste von seinen Eltern, dass Vogelweibchen von schönem Gesang angelockt werden.

Zur Melodie von »Ein Vogel wollte Hochzeit machen« (S. 72): 1. Ein Vogel wollte Hochzeit machen, das war die Geschichte. Fidirallalla … 2. Und fragt ihr mich, was nun geschieht, hört zu was ich berichte. Fidirallalla … (Es folgen Strophe 3–6 wie auf Seite 72.)

Stichworte

Copyright-Verzeichnis

M Melodie
T Text
Tü Textübertragung
S Satz
Ta Tanzanleitung

S. 16 M und T: Bildungshaus Schroedel Diesterweg, Bildungsmedien GmbH & Co. KG, Hannover
S. 18f. M und T: by Gibellina-Arts AG/Pan Verlag, Baden/CH
S. 20 M und T: Rechte beim Urheber
S. 21 M und T: Bildungshaus Schroedel Diesterweg, Bildungsmedien GmbH & Co. KG, Hannover
S. 22 M und T: Aktive Musik Verlagsgesellschaft mbH, Dortmund
S. 23 M: Bildungshaus Schroedel Diesterweg, Bildungsmedien GmbH & Co. KG, Hannover
S. 24 M und T: Rechte beim Urheber
S. 28f. M und T: JUMBO Neue Medien und Verlag GmbH, Hamburg
S. 30f. T: Verlag Ullstein GmbH, Berlin. (Aus: Jella Leppmann: Die schönsten Gute-Nacht-Geschichten, 1958)
S. 32 M und T: Bildungshaus Schroedel Diesterweg, Bildungsmedien GmbH & Co. KG, Hannover
S. 34f. M und T: Rechte bei der Urheberin
S. 36f. M und T: MUSIK FÜR DICH Rolf Zuckowski OHG, Hamburg
S. 40 M: © Lehrmittelverlag des Kantons Zürich, 2000 (aus: »Suneschtraal tanz emaal«)
S. 42f. M und T: Hit Pick Music (Edition Wunderwolke), Eurasburg
S. 44 M und T: Hit Pick Music (Edition Wunderwolke), Eurasburg
S. 46 M: Zytglogge Verlag, Bern; T: Bildungshaus Schroedel Diesterweg, Bildungsmedien GmbH & Co. KG, Hannover
S. 49 M und T: Rechte bei den Urhebern
S. 50 T: MUSIK FÜR DICH Rolf Zuckowski OHG, Hamburg
S. 52f. M und T: Moon-Records-Verlag, Düsseldorf
S. 54 M und T: Herder Verlag, Freiburg
S. 56 M und T: Rechte bei der Urheberin
S. 58o. M und T: Edition Junior TV c/o Filmkunst-Musikverlags- und Produktionsgesellschaft mbH
S. 58u. M und T: MUSIK FÜR DICH Rolf Zuckowski OHG, Hamburg
S. 59o. M und T: Edition Junior TV c/o Filmkunst-Musikverlags- und Produktionsgesellschaft mbH
S. 59u. M und T: Kiddinx Studios GmbH, Berlin
S. 63 Tü: Bildungshaus Schroedel Diesterweg, Bildungsmedien GmbH & Co. KG, Hannover
S. 66 M und T: Cornelsen Verlag GmbH, Berlin
S. 67o. T: Rechte bei der Urheberin
S. 72–78 M und T: MUSIK FÜR DICH Rolf Zuckowski OHG, Hamburg

Bildquellen

Angermeyer, Holzkirchen: S. 52 (Frosch)
Charlotte (6 Jahre): S. 12 u.
Cinetext, München: S. 58 (Heidi, Ernie, Tabaluga, Sandmännchen), 59 (Biene Maja, Pippi Langstrumpf) Zeichnungen)
Martyn Colbeck, Okapia: S. 52 (Forellen)
dpa, Frankfurt: 39m., 51 m.
Michael Fabian, Hannover: S. 8, 9, 10
Jeffrey Jay Foxx, Smithsonian Institution: S. 54 (aluminium salt shaker)
Roland Frank, Karlsruhe: S. 39o.
In: Charlotte Heth (National Museum of the American Indian): Native American Dance ceremonies and social traditions. Washington o.J.: S. 55 o.
Kent/Focus: S. 52 (Elefant)
© KIDDINX Studios, Lizenz durch KIDDINX Merchandising GmbH, Winterhuder Weg 29, D-22085 Hamburg, www.bibiblocksberg.de: S. 59r. (Bibi Blocksberg), 59 u. (Bibi und Tina)
NDR: S. 58 (Maus), S. 59 (Käptn Blaubär)
© 2001 by Pelikan Vertriebsgesellschaft, Hannover: S. 58 l. (Neues vom Süderhof: Nasses Abenteuer)
Reinhard, Okapia: S. 34 (Katze, Sau mit Ferkel)
Schroedel Bild-Archiv: S. 39 u.
Schülerzeichnung: S. 12 u.
Foto Tegeler, Lüneburg: S. 11
© Dr. Suess, 1996, »Jeder Tag hat eine Farbe« erschienen im Bertelsmann Verlag, ein Unternehmen der Verlagsgruppe Random House: S. 12 o., 13 (beide)
© Middelhauve Verlags GmbH, München: S. 46–47 (aus Helme Heine, Fantadu)

Die Seiten 21, 42, 43, 50, 51 u., 52o., 53, 64–67 und 72–78 wurden von Silvia Kania illustriert.

Die Seiten 6, 7, 13u., 14, 15, 16, 17, 22, 23, 26–33, 40, 41, 46 (Blätter), 48, 49, 56 und 57 wurden von Milada Krautmann illustriert.

Die Seiten 18, 19, 20, 24, 25, 34-38, 44, 45, 51o.l., 54, 55u., 60–63, 66u.r., 68–71 sowie der Umschlag wurden von Marion Kreimeyer-Visse illustriert.

Trotz entsprechender Bemühungen ist es nicht in allen Fällen gelungen, den Rechtsinhaber ausfindig zu machen. Gegen Nachweis der Rechte zahlt der Verlag für die Abdruckerlaubnis die gesetzlich geschuldete Vergütung.